Recetas de Dash

Libro de cocina para principiantes para cocinar con recetas bajas en sodio.

Recetas rápidas y fáciles para bajar la presión sanguínea.

Deliciosas comidas y platos para prevenir la hipertensión.

Sally Plancha

Índice

—

La información que figura en las páginas siguientes se considera en general una exposición veraz y exacta de los hechos y, como tal, toda falta de atención, utilización o uso indebido de la información en cuestión por parte del lector hará que las acciones resultantes queden únicamente bajo su competencia. No hay ningún escenario en el que el editor o el autor original de esta obra pueda ser considerado de alguna manera responsable de cualquier dificultad o daño que pueda ocurrirles después de emprender la información aquí descrita.

Además, la información que figura en las páginas siguientes tiene fines exclusivamente informativos y, por lo tanto, debe considerarse universal. Como corresponde a su naturaleza, se presenta sin garantías sobre su validez prolongada o su calidad provisional. Las marcas comerciales que se mencionan se hacen sin consentimiento escrito y no pueden considerarse en modo alguno como una aprobación del titular de la marca.

Ensalada Edamame con maíz y arándanos

Tiempo de preparación: 15 minutos

Tiempo de cocción: 0 minutos

Porciones: 4

Ingredientes:

- 11/4 tazas de edamame sin cáscara

- 3/4 de taza de granos de maíz

- 1 pimiento rojo o naranja, picado

- 1/4 taza de arándanos secos

- 1 chalota, finamente picada

- 2 cucharadas de vinagre de vino tinto

- 1 cucharada de aceite de oliva

- 1 cucharadita de néctar de agave

- 1 cucharadita de mostaza preparada sin sal.

- Pimienta negra recién molida, a gusto

Instrucciones:

1. Ponga el edamame, el maíz, el pimiento, los arándanos y la chalota en un tazón de mezcla y revuélvalos para combinarlos. Mezclar el vinagre, el aceite, el néctar de agave y la mostaza en un pequeño tazón.

2. Vierta el aderezo sobre la ensalada. Saborea con pimienta negra recién molida, al gusto. Servir.

Nutrición:

Calorías: 149

Grasa: 5 g

Proteína: 5 g

Sodio: 5 mg

Fibra: 3 g

Hidratos de carbono: 22 g

Azúcar: 10 g

Cálida leyenda asiática

Tiempo de preparación: 15 minutos

Hora de cocinar: 3 minutos.

Porciones: 4

Ingredientes:

- 1 cucharada de aceite de sésamo

- 1 cucharada de aceite de cacahuete

- 2 cebollas en rodajas

- 2 dientes de ajo, picados

- 1 cucharada de jengibre fresco picado

- 1 bok choy mediano, picado

- 2 zanahorias medianas, ralladas

- 1 cucharada de vinagre de arroz sin sabor

- 1/2 cucharadita de azúcar

- 1/2 cucharadita de pimienta blanca molida

- 1/2 cucharada de semillas de sésamo tostadas (opcional)

Instrucciones:

1. Calienta ambos aceites en una sartén a fuego medio. Añade las cebolletas, el ajo y el jengibre y cocina, removiendo, durante 1 minuto. Añada el bok choy y las zanahorias y saltee durante 2 minutos. Retire del fuego.

2. Ponga el contenido en un tazón. Añada el vinagre, el azúcar y la pimienta. Adorne con semillas de sésamo, si lo desea. Sirva inmediatamente.

Nutrición:

Calorías: 112

Grasa: 7 g

Proteína: 3 g

Sodio: 72 mg

Fibra: 3 g

Hidratos de carbono: 9 g

Azúcar: 4 g

Ensalada de tres granos con cebada

Tiempo de preparación: 15 minutos

Hora de cocinar: 30 minutos

Porciones: 8

Ingredientes:

- 1 taza de cebada perlada sin cocer

- 21/4 de taza de agua

- 2 tazas de judías verdes, cortadas en trozos de 2 pulgadas

- 1 lata de 15 onzas de judías sin sal añadida

- 1 lata de 15 onzas de garbanzos sin sal añadida

- 1 pimiento rojo mediano, cortado en cubos

- 1 cebolla pequeña, finamente picada

- 2 cucharadas de cilantro o perejil fresco picado

- 1/3 taza de aceite de canola

- 1/3 taza de vinagre de sidra de manzana

- 1/3 taza de jarabe de arce puro

- Pimienta negra recién molida, a gusto

Instrucciones:

1. Mida la cebada y el agua en una cacerola y hiérvalo a fuego alto. Una vez que hierva, ajuste el calor a bajo, cubra y cocine a fuego lento hasta que el agua se absorba, 25-30 minutos. Retire la cacerola del fuego, luego escúrrala y enjuáguela bien.

2. Ponga las judías verdes en un bol, luego ponga las judías enlatadas escurridas, el pimiento, la cebolla, la cebada y el cilantro o perejil picado. Revuelva bien.

3. Mezcla el aceite, el vinagre y el jarabe de arce en un pequeño tazón para mezclar. Ponga la ensalada y mézclela para cubrirla. Saborea con pimienta negra molida, y luego sirve.

Nutrición:

Calorías: 367

Grasa: 11 g

Proteína: 11 g

Sodio: 10 mg

Fibra: 11 g

Hidratos de carbono: 57 g

Azúcar: 11 g

Ensalada de frijoles con vinagreta de naranja

Tiempo de preparación: 15 minutos

Tiempo de cocción: 0 minutos

Porciones: 6

Ingredientes:

- 1 lata de 15 onzas de judías sin sal añadida

- 1 lata de 15 onzas de garbanzos sin sal añadida

- 1 lata de 15 onzas de frijoles pintos sin sal añadida

- 2 chalotas, picadas

- 1 zanahoria mediana, rallada

- 1 pimiento pequeño, cortado en cubos

- Un pequeño tallo de apio, cortado en cubos

- 1/4 de taza de jarabe de arce puro

- 1/3 taza de vinagre de sidra de manzana

- 2 cucharadas de jugo de naranja recién exprimido

- 1 cucharada de aceite de oliva

- 1 cucharadita de cáscara de naranja rallada

- 1/2 cucharadita de pimienta negra recién molida

Instrucciones:

1. Escurrir y enjuagar todas las judías en lata, y luego colocarlas en un recipiente para mezclar. Añada el chalote picado, la zanahoria rallada, el pimiento y el apio y revuelva para combinar.

2. Coloca el resto de la fijación en un pequeño tazón para mezclar y bate bien. Mezclar el aderezo en la ensalada, y servir inmediatamente.

Nutrición:

Calorías: 393

Grasa: 5 g

Proteína: 19 g

Sodio: 70 mg

Fibra: 16 g

Hidratos de carbono: 69 g

Azúcar: 13 g

Ensalada de maíz fresco, pimienta y aguacate

Tiempo de preparación: 15 minutos

Tiempo de cocción: 0 minutos

Porciones: 6

Ingredientes:

- 3 mazorcas de maíz recién cocinadas

- 1 pimiento rojo mediano

- 1 aguacate maduro

- 1 chile jalapeño, picado

- Un cebollín, cortado en rodajas finas

- 1 diente de ajo, picado

- Jugo de 1 lima fresca

- 2 cucharadas de aceite de oliva

- Pimienta negra recién molida, a gusto

Instrucciones:

1. Corta los granos con un cuchillo muy afilado.
   Colóquelos en un recipiente para mezclar. Deshuesar y
   cortar en dados el pimiento rojo y pelar y cortar en

dados el aguacate. Añade al tazón, junto con el jalapeño, el cebollín cortado en rodajas (partes blancas y verdes) y el ajo picado.

2. Mezcla el jugo de lima y el aceite en un pequeño tazón. Rocíen la ensalada y mézclenla con la cubierta. Saborea con pimienta negra recién molida. Servir inmediatamente.

Nutrición:

Calorías: 135

Grasa: 9 g

Proteína: 2 g

Sodio: 5 mg

Fibra: 3 g

Hidratos de carbono: 13 g

Azúcar: 2 g

Ensalada de patatas con ajo

Tiempo de preparación: 15 minutos

Tiempo de cocción: 25 minutos

Porciones: 6

Ingredientes:

- 6 papas medianas

- 6 escamas de ajo o 3 dientes de ajo

- 1 taza de cebolletas en rodajas

- 1/4 de taza de aceite de oliva

- 2 cucharadas de vinagre de arroz sin sabor

- 2 cucharaditas de romero fresco picado

- Pimienta negra recién molida, a gusto

Instrucciones:

1. Hervir las patatas en una olla con agua para cubrirlas una pulgada a fuego fuerte. Hervirlas hasta que estén tiernas pero aún sólidas, dependiendo del tamaño, aproximadamente 20-25 minutos.

2. Una vez cocinado, retire del calor y colóquelo bajo agua corriente fría. Escurrir y dejar las patatas a un lado para que se enfríen, luego cortarlas en cubos. Coloca las

patatas, el ajo y las cebolletas en un tazón y mézclalas para que se mezclen.

3. Mide el aceite de oliva, el vinagre y el romero en un pequeño tazón para mezclar. Ponga la pimienta negra molida, y bata bien para combinar. Vierte el aderezo sobre la ensalada y revuelve suavemente para cubrirla. Cúbrala y refrigérela unas horas antes de servirla.

Nutrición:

Calorías: 204

Grasa: 9 g

Proteína: 2 g

Sodio: 6 mg

Fibra: 2 g

Hidratos de carbono: 28 g

Azúcar: 1 g

Cremosa ensalada de coles baja en sodio

Tiempo de preparación: 15 minutos

Tiempo de cocción: 0 minutos

Porciones: 6

Ingredientes:

- 1/2 cabeza de col verde mediana, rallada

- 1 zanahoria mediana, rallada

- 1 cebolla pequeña, rallada

- 1/3 taza de mayonesa sin sal

- 3 cucharadas de azúcar

- 3 cucharadas de vinagre de sidra de manzana

- 1/2 cucharadita de mostaza molida seca

- 1/2 cucharadita de pimienta negra recién molida

Instrucciones:

1. Mezcle todo el material en un gran tazón y revuelva bien. Cúbralo y refrigérelo hasta que esté listo para servir.

Nutrición:

Calorías: 133

Grasa: 8 g

Proteína: 2 g

Sodio: 32 mg

Fibra: 3 g

Hidratos de carbono: 13 g

Azúcar: 10 g

Ley de la remolacha del suroeste

Tiempo de preparación: 15 minutos
Tiempo de cocción: 0 minutos
Porciones: 6
Ingredientes:

- 3 remolachas pequeñas-medianas

- 3 cebolletas, en rodajas

- 2 zanahorias medianas, ralladas

- 1/4 de taza de cilantro fresco picado

- 2 dientes de ajo

- Jugo de 2 limas frescas

- 1 cucharadita de aceite de oliva

- 1/2 cucharadita de condimento de chile sin sal

- 1/4 de cucharadita de pimienta negra recién molida

Instrucciones:

1. Cortar y pelar las remolachas, y luego desmenuzarlas. Colóquelas en un recipiente para mezclar. Añada las cebolletas, las zanahorias, el cilantro y el ajo y revuelva bien para combinar.

2. Mezcla el jugo de lima, el aceite de oliva, el condimento de chile y la pimienta negra en un pequeño tazón. Vierta el aderezo sobre la ensalada, y sírvala inmediatamente.

Nutrición:

Calorías: 38

Grasa: 1 g

Proteína: 1 g

Sodio: 46 mg

Fibra: 2 g

Hidratos de carbono: 7 g

Azúcar: 4 g

Ensalada tibia de col rizada

Tiempo de preparación: 15 minutos

Tiempo de cocción: 12 minutos

Porciones: 4

Ingredientes:

- 2 cucharaditas de aceite de oliva

- 1 cebolla roja pequeña, cortada en cubitos

- 2 dientes de ajo, picados

- 1 pimiento rojo pequeño, cortado en cubos

- 8 tazas de col picada

- Jugo de una naranja fresca

- 1 zanahoria mediana, rallada

- 1/4 de cucharadita de comino molido

- 1/8 de cucharadita de hojuelas de pimiento rojo seco

- 1 cucharadita de cáscara de naranja rallada

- Pimienta negra recién molida, a gusto

Instrucciones:

1. Calienta el aceite en una sartén grande o saltea la sartén a fuego medio. Añada la cebolla y cocine, revolviendo, durante 2 minutos. Añada el ajo, el pimiento, la col rizada y el jugo de naranja y revuelva bien para combinarlos. Ajuste el fuego a medio-bajo, cubra y cocine dentro de los 5 minutos.

2. Quita la tapa, añade el resto de los ingredientes y revuelve bien para combinarlos. Tapa y cocina por otros 5 minutos. Retire del fuego y sirva inmediatamente.

Nutrición:

Calorías: 137

Grasa: 3 g

Proteína: 5 g

Sodio: 76 mg

Fibra: 4 g

Hidratos de carbono: 25 g

Azúcar: 7 g

Ensalada Tabouleh

Tiempo de preparación: 15 minutos

Tiempo de cocción: 0 minutos

Porciones: 4

Ingredientes:

- 2/3 taza de cuscús seco

- 1 taza de agua hirviendo

- 1 pequeño tomate maduro, cortado en cubos

- 1 pimiento verde pequeño, cortado en cubos

- 1 chalota, finamente picada

- 1/3 taza de perejil fresco picado

- 1 diente de ajo, picado

- Jugo de 1 limón fresco

- 1 cucharada de aceite de oliva

- 1/2 cucharadita de pimienta negra recién molida

Instrucciones:

1. Mezcla el cuscús seco en un pequeño tazón. Mézclelo en el agua hirviendo, cúbralo y déjelo a un lado en 5

minutos. Coloca el tomate, el pimiento verde, la chalota y el perejil en una ensaladera.

2. Mezcla el ajo, el jugo de limón, el aceite y la pimienta en un pequeño tazón para mezclar. Ponga el cuscús cocido en la ensaladera. Ponga el aderezo encima y revuelva bien para combinar. Servir inmediatamente.

Nutrición:

Calorías: 120

Grasa: 3 g

Proteína: 3 g

Sodio: 6 mg

Fibra: 1 g

Hidratos de carbono: 20 g

Azúcar: 1 g

Ensalada de manzana agria con aderezo de yogur con miel e hinojo

Tiempo de preparación: 15 minutos

Tiempo de cocción: 0 minutos

Porciones: 6

Ingredientes:

- 2 manzanas verdes agrias, cortadas en cubos

- 1 bulbo pequeño de hinojo, picado

- 11/2 tazas de uvas rojas sin semillas, cortadas a la mitad

- 2 cucharadas de jugo de limón recién exprimido

- 1/4 de taza de yogur de vainilla bajo en grasa

- 1 cucharadita de miel

Instrucciones:

1. Mezclar todo el preparado en un tazón de mezcla, y servir inmediatamente.

Nutrición:

Calorías: 70

Grasa: 1 g

Proteína: 1 g

Sodio: 26 mg

Fibra: 3 g

Hidratos de carbono: 16 g

Azúcar: 11 g

Ensalada de orquídeas

Tiempo de preparación: 15 minutos

Tiempo de cocción: 0 minutos

Porciones: 4

Ingredientes:

- 2 tazas de col roja rallada

- 3 cucharadas de jugo de naranja recién exprimido

- 1 cucharadita de vinagre balsámico

- 1/8 de cucharadita de pimienta negra recién molida

- 2 manzanas verdes agrias, cortadas en rodajas finas.

- 1/2 cucharadita de jugo de limón recién exprimido

- 1 melón medio maduro

- 1/4 de taza de nueces picadas

Instrucciones:

1. Ponga el repollo en un tazón para mezclar. Añade el zumo de naranja, el vinagre y la pimienta y mézclalo bien para cubrirlo. Poner a un lado. Coloca las rodajas de manzana en otro tazón, añade el jugo de limón y mézclalo suavemente para cubrirlo. Poner a un lado.

2. Corta el melón por la mitad y desecha las semillas. Cortar cada mitad en 8 cuñas y quitar la corteza. Corta cada cuña por la mitad a través del medio, así que te quedas con 16 partes triangulares.

3. Coloca 2 partes de melón en el centro de un plato, cortadas por los lados, para que se vean unidos. Sepáralas ligeramente y haz lo mismo con otras dos partes para que tengas una especie de X con un espacio en el medio.

4. Disponga un trío de rodajas de manzana en abanico en cada uno de los 4 espacios vacíos entre los puntos de los melones. Luego coloque 1/4 de la mezcla de col en el espacio en el medio de la X. Cubra con 1/4 de las nueces picadas. Servir inmediatamente.

Nutrición:

Calorías: 166

Grasa: 5 g

Proteína: 3 g

Sodio: 36 mg

Fibra: 4 g

Hidratos de carbono: 30 g

Azúcar: 24 g

Ensalada de pasta tailandesa

Tiempo de preparación: 15 minutos

Tiempo de cocción: 14 minutos

Porciones: 8

Ingredientes:

- 1 paquete (16 onzas) de espaguetis secos

- 2 cucharadas de aceite de cacahuete

- 1 calabaza amarilla mediana, en juliana

- 1 calabacín mediano, en juliana

- 1 pimiento verde mediano, cortado en juliana

- 1 pimiento rojo, en juliana

- 1 pimiento naranja en juliana

- 6 cebolletas, en rodajas

- 3 dientes de ajo, picados

- 1 chile jalapeño, picado

- 3/4 de taza de nueces picadas

- 1/3 taza de aceite de cacahuete

- 1 cucharada de aceite de sésamo

- 1/4 de taza de vinagre de arroz sin sabor

- 2 cucharadas de mantequilla de maní sin sal

- 1 cucharada de pasta de tomate sin sal añadida

- 1/4 de taza de cilantro fresco picado

- 1 cucharada de jengibre fresco picado

- 1 cucharadita de azúcar

- 1/4 de cucharadita de condimento de chile sin sal

Instrucciones:

1. Cocina los espaguetis en la olla con agua hirviendo. Cocínelos en 10 minutos, revolviendo una o dos veces. Quítalos del fuego, escúrrelos y déjalos a un lado.

2. Calienta 2 cucharadas de aceite de cacahuete en una sartén grande a fuego medio. Añada las verduras cortadas en juliana, cebolletas, ajo, jalapeño y nueces y cocine, revolviendo, durante 3-4 minutos.

3. Se retira del calor y se transfiere a un enorme tazón. Añada los espaguetis cocidos. Bata los ingredientes restantes en un tazón para mezclar. Mezclar sobre la ensalada de pasta. Servir inmediatamente.

Nutrición:

Calorías: 464

Grasa: 24 g

Proteína: 11 g

Sodio: 9 mg

Fibra: 5 g

Hidratos de carbono: 50 g

Azúcar: 4 g

Ensalada de cuscús integral con cítricos y cilantro

Tiempo de preparación: 15 minutos
Tiempo de cocción: 2 minutos
Porciones: 6
Ingredientes:

- 11/2 tazas de agua

- 1 taza de cuscús integral

- 1 pepino mediano, cortado por la mitad

- Una pinta de uva o tomates cherry cortados por la mitad

- 1 chile jalapeño, picado

- 2 chalotas, picadas

- 2 cebolletas, en rodajas

- 2 dientes de ajo, picados

- 2 cucharadas de jugo de limón recién exprimido

- 2 cucharadas de jugo de limón recién exprimido

- 1 cucharadita de aceite de oliva

- 1/4 de taza de cilantro fresco picado

- Pimienta negra recién molida, a gusto

Instrucciones:

1. Mezclar agua en una cacerola y hervirla a fuego alto. Una vez que hierva, añada el cuscús, reduzca el fuego a medio-bajo, tape y cocine a fuego lento durante 2 minutos.

2. Quita la olla del fuego, quita la tapa y esponja el cuscús con un tenedor. Déjelo enfriar durante 5 minutos.

3. Raspar las semillas del pepino con una cuchara, luego cortarlas en dados y colocarlas en un tazón para mezclar. Pongan el resto de la preparación en el tazón junto con el cuscús cocido y métanlo bien para cubrirlo. Saboree con pimienta negra recién molida, y sirva inmediatamente.

Nutrición:

Calorías: 126

Grasa: 2 g

Proteína: 4 g

Sodio: 5 mg

Fibra: 2 g

Hidratos de carbono: 24 g

Azúcar: 3 g

Ensalada Niçoise

Tiempo de preparación: 15 minutos

Hora de cocinar: 35 minutos

Porciones: 2

Ingredientes:

- 1 cabeza pequeña de lechuga mantequilla

- 1 pepino pequeño

- 2 papas rojas medianas

- 1 cucharada de vinagre blanco destilado

- 2 huevos

- 1 manojo de judías verdes frescas, recortadas

- 2 cucharadas de aceite de oliva

- 2 cucharadas de vinagre de vino tinto

- 1 cucharadita de mostaza preparada sin sal

- 1 diente de ajo, picado

- 1/2 cucharadita de pimienta negra recién molida

- 2 tomates pequeños, cortados en cuartos

- 1 lata de 5 onzas de atún sin sal añadida en agua, escurrida

Instrucciones:

1. Rompe las hojas de lechuga en pequeños trozos y déjalas a un lado. Pele el pepino, córtelo por la mitad a lo largo y quite las semillas con una cuchara. Cortar en rodajas y reservar.

2. Hervir las patatas en una cacerola con agua a fuego alto, reducir ligeramente el fuego y cocer a fuego lento hasta que estén tiernas, unos 20 minutos. Una vez cocinadas, cortarlas en dados, mezclarlas con vinagre blanco y reservarlas.

3. Hervir los huevos en una cacerola, con suficiente agua para cubrirlos a fuego alto en 12 minutos. Una vez cocidos, cuidadosamente se rompen, se pelan y se cortan en cuartos. Poner a un lado.

4. Hervir una pequeña olla de agua, luego una vez que esté hirviendo, añadir las judías verdes y cocinar durante 2 minutos. Saquen las judías de la olla y pónganlas inmediatamente en un recipiente con agua helada. Ponerlas a un lado.

5. En un pequeño tazón, agregue el aceite, el vinagre, la mostaza, el ajo y la pimienta y bata bien para combinar.

6. Montar la ensalada en un plato, colocando la lechuga en el fondo y luego agrupando el pepino, las patatas, los huevos, las judías verdes, los tomates y el atún en la parte superior. Rocíe el aderezo uniformemente sobre la ensalada. Servir inmediatamente.

Nutrición:

Calorías: 471

Grasa: 20 g

Proteína: 30 g

Sodio: 111 mg

Fibra: 7 g

Hidratos de carbono: 41 g

Azúcar: 5 g

Ensalada verde simple

Tiempo de preparación: 5 minutos

Tiempo de cocción: 5 minutos

Porciones: 4

Ingredientes:

- ¼ taza de aceite de oliva extra virgen

- 1 cucharada de jugo de limón fresco

- ¼ cucharadita de sal

- ¼ cucharadita de pimienta negra recién molida

- 6 tazas de verduras mixtas sin envasar

- ½ cebolla roja pequeña, en rodajas finas

- 1 pepino pequeño, pelado y cortado en rodajas finas

- ¼ taza de queso parmesano rallado

Instrucciones:

1. Mezcla el aceite, el jugo de limón, la sal y la pimienta en un tazón pequeño. Guardar el aderezo en 4 tazas de condimento. Mezclar las verduras, la cebolla y el pepino en un tazón grande. Dividir la ensalada en 4 recipientes medianos de almacenamiento. Cubrir cada uno con una

cucharada de queso parmesano. Para servir, tirar el aderezo y la ensalada.

Instrucciones:

Nutrición:

Calorías: 162g

Grasa: 15g

Hidratos de carbono: 6g

Fibra: 2g

Proteína: 3g

Sodio: 290mg

Ensalada de semillas de amapola

Tiempo de preparación: 10 minutos

Tiempo de cocción: 5 minutos

Porciones: 6

Ingredientes:

- ½ taza de yogur griego sin grasa

- 2 cucharadas de vinagre de sidra de manzana

- ½ cucharada de aceite de oliva extra virgen

- 1 cucharadita de semillas de amapola

- 1 cucharadita de azúcar

- 4 tazas de col muy bien empaquetada y picada.

- 2 tazas de ensalada de brócoli

- 2 tazas de coles de Bruselas en rodajas finas.

- 6 cucharadas de arándanos secos

- 6 cucharadas de semillas de calabaza descascaradas

Instrucciones:

1. Mezcla el yogur, el vinagre, el aceite, las semillas de amapola, el azúcar en un pequeño tazón. Guardar el aderezo en 6 tazas de condimento.

2. En un gran tazón, mezclar la col rizada, la ensalada de brócoli y las coles de Bruselas. Dividir las verduras en 6 grandes recipientes de almacenamiento y cubrir cada ensalada con arándanos y semillas de calabaza. Para servir, mezclar las verduras con el aderezo de semillas de amapola para cubrirlas.

Instrucciones:

Nutrición:

Calorías: 129g

Grasa: 6g

Hidratos de carbono: 13g

Fibra: 3g

Proteína: 8g

Sodio: 26mg

Ensalada de cuña con aderezo de queso azul cremoso

Tiempo de preparación: 15 minutos

Tiempo de cocción: 0 minutos

Porciones: 4

Ingredientes:

- 1 taza de yogur griego natural sin grasa

- Jugo de ½ limón grande

- ¼ cucharadita de pimienta negra recién molida

- ¼ cucharadita de sal

- 1/3 taza de queso azul desmoronado

- 2 cabezas de lechuga romana, con el extremo del tallo recortado, dividido por la mitad a lo largo.

- 1 taza de tomates uva, cortados por la mitad

- ½ taza de almendras cortadas

Instrucciones:

1. Mezcla el yogur, el jugo de limón, la pimienta, la sal y el queso en un tazón pequeño. Guarda el aderezo en 4 tazas de condimento. Dividir las mitades de lechuga y

los tomates entre 4 contenedores grandes de almacenamiento. Almacenar las almendras por separado.

2. Para servir, coloque media cabeza de romano en un plato y cúbrala con los tomates. Espolvorear con 2 cucharadas de almendras y rociar con el aderezo.

Nutrición:

Calorías: 216g

Grasa: 11g

Hidratos de carbono: 20g

Fibra: 9g

Proteína: 16g

Sodio: 329mg

Ensalada de frijoles del suroeste con aderezo cremoso de aguacate

Tiempo de preparación: 15 minutos

Tiempo de cocción: 0 minutos

Porciones: 4

Ingredientes:

- 1 cabeza de lechuga romana, picada

- 1 lata de frijoles negros sin sal, escurridos

- 2 tazas de granos de maíz fresco

- 2 tazas de tomates de uva, cortados por la mitad

- 2 aguacates pequeños, partidos por la mitad y sin hueso
  1 taza de cilantro fresco picado

- 1 taza de yogur griego sin grasa 8 cebolletas, picadas

- 3 dientes de ajo, cáscara cortada en cuartos y el jugo de una lima grande.

- ½ cucharadita de azúcar

Instrucciones:

1. Mezcla la lechuga, los frijoles, el maíz y los tomates en un tazón grande. Mezclar bien. Dividir la ensalada en 4

grandes contenedores de almacenamiento. Ponga la pulpa del aguacate en su licuadora o procesador de alimentos.

2. Añade el yogur, las cebolletas, el ajo, la cáscara de limón y el jugo, y el azúcar. Mezclar hasta que esté bien combinado. Dividir el aderezo en 4 tazas de condimento. Para servir, mezclar la ensalada y el aderezo.

Instrucciones:

Nutrición:

Calorías: 349g

Grasa: 11g

Hidratos de carbono: 53g

Fibra: 16g

Proteína: 19g

Sodio: 77mg

Ensalada de pasta Cobb

Tiempo de preparación: 15 minutos

Tiempo de cocción: 10 minutos

Porciones: 6

Ingredientes:

- 1 libra de pasta integral rotini

- 2 tazas de pechuga de pollo cocida, picada

- 8 rebanadas de tocino de pavo bajo en sodio, cocido y picado 4 cebolletas, en rebanadas

- 1½ tazas de tomates cherry partidos por la mitad

- ¼ cucharadita de pimienta negra recién molida

- 4 huevos duros, pelados y picados en trozos grandes.

- 1/3 taza de queso azul desmoronado

- 1 taza de cubos de aguacate congelados

- ¾ taza de aderezo de eneldo de yogur griego

Instrucciones:

1. Cocine la pasta hasta que esté al dente como se indica en las instrucciones del paquete. Enjuague bajo agua fría, luego escúrrala. Mezcle la pasta, el pollo, el tocino,

las cebolletas, los tomates y el pimiento en un tazón grande. Mezcle hasta que estén bien combinados.

2. Añade los huevos y el queso azul y dobla hasta que se mezclen bien. Dividir la ensalada en 6 contenedores de almacenamiento. Dividir el aguacate en 6 pequeños contenedores de almacenamiento. Haga el aderezo como se indica y guárdelo en 6 tazas de condimento.

3. La noche anterior a la que planeas comer una ensalada, añade la porción de aguacate a la ensalada para que estén blandas a la hora de la comida del día siguiente. Sirva rociado con el aderezo.

Nutrición:

Calorías: 550g

Grasa: 18g

Hidratos de carbono: 62g

Fibra: 9.5g

Proteína: 40g

Sodio: 619mg

Snacks

Ajo Cottage Cheese Crispy

Tiempo de preparación: 5 minutos

Tiempo de cocción: 2 minutos

Porciones: 4

Ingredientes:

- 1 taza de queso cottage

- ½ cucharadita Ajo en polvo

- Una pizca de pimienta

- Una pizca de polvo de cebolla

Instrucciones:

1. Coge un bol y mézclalo con el queso y las especias. Coge media cucharadita de la mezcla de queso y colócala en la sartén. Cocina en una sartén a fuego medio dentro de 1 minuto por cada lado. Repita hasta que esté listo.

Nutrición:

Calorías: 70

Grasa: 6g

Hidratos de carbono: 1g

Proteína: 6g

Sodio: 195 mg

Bombas de grasa de limón

Tiempo de preparación: 10 minutos

Tiempo de cocción: 0 minutos

Porciones: 3

Ingredientes:

- 1 limón entero

- 4 onzas de queso crema

- 2 onzas de mantequilla

- 2 cucharaditas de edulcorante natural

Instrucciones:

1. Tome un rallador fino y ralle su limón. Exprime el jugo de limón en un tazón junto con la cáscara. Añada mantequilla, queso crema a un tazón, y agregue la cáscara, la sal, el edulcorante y el jugo.

2. Revuelva bien usando un mezclador de mano hasta que esté suave. Con una cuchara, mezclar en moldes y congelar durante 2 horas. ¡Sirve y disfruta!

Nutrición:

Calorías: 404

Carbohidratos: 4g

Fibra: 1g

Proteína: 4g

Grasa: 43g

Sodio: 19 mg

Bombas de chocolate y coco

Tiempo de preparación: 20 minutos

Tiempo de cocción: 0 minutos

Porciones: 12

Ingredientes:

- ½ taza de polvo de cacao oscuro

- ½tablespoon extracto de vainilla

- 5 gotas de stevia

- 1 taza de aceite de coco, sólido

- 1 cucharada de extracto de menta

Instrucciones:

1. Toma un procesador de alimentos de alta velocidad y añade todos los ingredientes. Mezcla hasta que se combinen. Toma una cucharadita y deja caer una cucharada en el papel de pergamino. Refrigerar hasta que se solidifique y mantener refrigerado.

Nutrición:

Calorías: 126

Carbohidratos: 0g

Fibra: 0g

Proteína: 0g

Grasa: 14g

Sodio: 30 mg

Bombas de grasa para café expreso

Tiempo de preparación: 20 minutos

Tiempo de cocción: 0 minutos

Porciones: 24

Ingredientes:

- 5 cucharadas de mantequilla, tierna

- 3 onzas de queso crema, suave

- 2 onzas de expreso

- 4 cucharadas de aceite de coco

- 2 cucharadas de crema batida de coco

- 2 cucharadas de stevia

Instrucciones:

1. Prepara tu doble caldera y derrite todos los ingredientes (excepto la stevia) durante 3-4 minutos y mézclalos. Añada edulcorante y mezcle usando una batidora de mano.

2. Ponga la mezcla en moldes de silicona para panecillos y congélela durante 4 horas. ¡Quita las bombas de grasa y sirve!

Nutrición:

Carbohidratos: 1.3g

Fibra: 0.2g

Proteína: 0.3g

Grasa: 7g

Sodio: 50 mg

Bombas de coco crujiente

Tiempo de preparación: 10 minutos

Tiempo de cocción: 0 minutos

Porciones: 6

Ingredientes:

- 14 ½ onzas de leche de coco

- ¾ taza de aceite de coco

- 1 taza de copos de coco sin azúcar

- 20 gotas de stevia

Instrucciones:

1. Ponga el aceite de coco en el microondas durante 20 segundos. Mezcla la leche de coco y la stevia en el aceite caliente. Revuelva los copos de coco y vierta la mezcla en los moldes. Deje que se enfríe durante 60 minutos en la nevera. Sirve y disfruta!

Nutrición:

Carbohidratos: 2g

Fibra: 0.5g

Proteína: 1g

Grasa: 13g

Calorías: 123

Carbohidratos: 1g

Sodio: 0mg

Bombas de grasa de pastel de calabaza

Tiempo de preparación: 35 minutos

Tiempo de cocción: 5 minutos

Porciones: 12

Ingredientes:

- 2 cucharadas de aceite de coco

- 1/3 taza de puré de calabaza

- 1/3 taza de aceite de almendra

- ¼ taza de aceite de almendra

- 3 onzas de chocolate negro sin azúcar

- 1 ½ cucharadita de mezcla de especias para pastel de calabaza

- Stevia al gusto

Instrucciones:

1. Derretir el aceite de almendras y el chocolate negro en una olla doble. Tome esta mezcla y ponga una capa en el fondo de 12 tazas de panecillos. Congele hasta que la corteza se haya endurecido. Mientras tanto, toma una cacerola y combina el resto de los ingredientes.

2. Ponga la cacerola a fuego lento. Caliéntela hasta que se ablande y mezcle bien. Vierta esto sobre la mezcla

inicial de chocolate. Deje que se enfríe dentro de una hora, y luego sirva.

Nutrición:

Calorías: 124

Carbohidratos: 3g

Fibra: 1g

Proteína: 3g

Grasa: 13g

Sodio: 0mg

Bombas de grasa de almendra dulce y coco

Tiempo de preparación: 10 minutos

Tiempo de cocción: 0 minutos

Porciones: 6

Ingredientes:

- ¼ taza de aceite de coco derretido

- 9 ½ cucharadas de mantequilla de almendra

- 90 gotas de stevia líquida

- 3 cucharadas de cacao

- 9 cucharadas de mantequilla derretida, salada

Instrucciones:

1. Toma un tazón y agrega todos los ingredientes listados. Mézclalos bien. Vierte 2 cucharadas de la mezcla en tantos moldes de panecillos como quieras. Enfríalos durante 20 minutos y sácalos. Sirve y disfruta!

Nutrición:

Calorías: 72

Carbohidratos: 2g

Fibra: 0g

Proteína: 2.53g

Grasa: 14g

Sodio: 0mg

Bolas de almendra y tomate

Tiempo de preparación: 10 minutos

Tiempo de cocción: 0 minutos

Porciones: 6

Ingredientes:

- 1/3 taza de pistachos, sin cáscara

- 10 onzas de queso crema

- 1/3 de taza de tomates secos, cortados en cubos.

Instrucciones:

1. Cortar los pistachos en pequeños trozos. Añade el queso crema, los tomates en un bol y mézclalos bien. Enfríalo durante 15-20 minutos y conviértelo en bolas. Enrollar en los pistachos. ¡Sirve y disfruta!

Nutrición:

Calorías: 183

Grasa: 18g

Carb: 5g

Proteína: 5g

Sodio: 10 mg

Mordiscos de atún de aguacate

Tiempo de preparación: 10 minutos

Tiempo de cocción: 0 minutos

Porciones: 4

Ingredientes:

- 1/3 taza de aceite de coco

- 1 aguacate, cortado en cubos

- 10 onzas de atún enlatado, escurrido

- ¼ taza de queso parmesano, rallado

- ¼ cucharadita de polvo de ajo

- 1/4 de cucharadita de polvo de cebolla

- 1/3 taza de harina de almendra

- ¼ cucharadita de pimienta

- ¼ taza de mayonesa baja en grasa

- Pimienta según sea necesario

Instrucciones:

1. Toma un tazón y añade atún, mayonesa, harina, parmesano, especias, y mézclalo bien. Dobla el aguacate y haz 12 bolas con la mezcla. Disuelva el aceite de coco

en una sartén y cocine a fuego medio hasta que todos los lados estén dorados. Sirve y disfruta!

Nutrición:

Calorías: 185

Grasa: 18g

Hidratos de carbono: 1g

Proteína: 5g

Sodio: 0mg

Mordeduras de palomitas de maíz del Mediterráneo

Tiempo de preparación: 5 minutos + 20 minutos de enfriamiento

Tiempo de cocción: 2-3 minutos

Porciones: 4

Ingredientes:

- 3 tazas de dátiles Medjool, picados

- 12 onzas de café preparado

- 1 taza de nuez, picada

- ½ taza de coco, rallado

- ½ taza de polvo de cacao

Instrucciones:

1. Remoje los dátiles en café caliente durante 5 minutos. Remueve los dátiles del café y mézclalos, haciendo una mezcla fina y suave. Revuelva el resto de los ingredientes (excepto el cacao en polvo) y forme pequeñas bolas con la mezcla. Cubrir con cacao en polvo, servir y disfrutar!

Nutrición:

Calorías: 265

Grasa: 12g

Hidratos de carbono: 43g

Proteína 3g

Sodio: 75 mg

Nueces de mantequilla de corazón...

Tiempo de preparación: 10 minutos

Tiempo de cocción: 0 minutos

Porciones: 4

Ingredientes:

- 4 mitades de nuez

- ½ cucharada de mantequilla de almendra

Instrucciones:

1. Esparce mantequilla sobre dos mitades de nuez. Cubrir con las otras mitades. ¡Sirve y disfruta!

Nutrición:

Calorías: 90

Grasa: 10g

Hidratos de carbono: 0g

Proteína: 1g

Sodio: 1 mg

Sorbete de sandía refrescante

Tiempo de preparación: 20 minutos + 20 horas de enfriamiento

Tiempo de cocción: 0 minutos

Porciones: 4

Ingredientes:

- 4 tazas de sandía, sin semillas y en trozos

- ¼ taza de azúcar de coco

- 2 cucharadas de jugo de lima

Instrucciones:

1. Añade el fijador listado a una licuadora y haz un puré. Congele la mezcla durante unas 4-6 horas hasta que tenga una consistencia gelatinosa.

2. Haga puré la mezcla una vez más en lotes y regrese al contenedor. Enfríese durante la noche. Deje reposar el sorbete durante 5 minutos antes de servirlo y disfrute!

Nutrición:

Calorías: 91

Grasa: 0g

Hidratos de carbono: 25g

Proteína: 1g

Sodio: omg

Macarrones con queso falsos

Tiempo de preparación: 15 minutos

Tiempo de cocción: 45 minutos

Porciones: 4

Ingredientes:

- 5 tazas de ramilletes de coliflor

- Sal y pimienta al gusto

- 1 taza de leche de coco

- ½ taza de caldo de verduras

- 2 cucharadas de harina de coco, tamizadas

- 1 huevo orgánico, batido

- 2 tazas de queso cheddar

Instrucciones:

1. Caliente el horno a 350 grados F. Sazone los ramilletes con sal y vapor hasta que estén firmes. Coloque los floretes en una fuente para horno engrasada. Caliente la leche de coco a fuego medio en una sartén; asegúrese de sazonar el aceite con sal y pimienta.

2. Añade el caldo y la harina de coco a la mezcla, revuelve. Cocina hasta que la salsa empiece a burbujear. Retira el

fuego y añade el huevo batido. Vierta la salsa espesa sobre la coliflor y mézclela con el queso. Hornee durante 30-45 minutos. Sirva y disfrute!

Nutrición:

Calorías: 229

Grasa: 14g

Hidratos de carbono: 9g

Proteína: 15g

Sodio: 125 mg

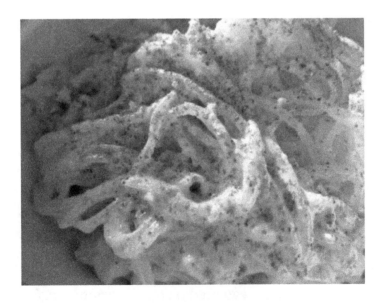

Natillas de plátano

Tiempo de preparación: 10 minutos

Tiempo de cocción: 25 minutos

Porciones: 3

Ingredientes:

- 2 plátanos maduros, pelados y triturados finamente

- ½ cucharadita de extracto de vainilla

- 14 onzas de leche de almendra sin endulzar

- 3 huevos

Instrucciones:

1. Calienta el horno a 350 grados F. Engrasa ligeramente 8 vasos de crema. Coloca los vasos en una gran fuente para hornear. Tome un tazón grande y mezcle todos los ingredientes y mézclelos bien hasta que se combinen bien.

2. Divide la mezcla de manera uniforme entre los vasos. Vierte agua en la bandeja de hornear. Hornee durante 25 minutos.   Sacar y servir.

Nutrición:

Calorías: 59

Grasa: 2.4g

Hidratos de carbono: 7g

Proteína: 3g

Sodio: 92 mg

Bollos de Tahini saludables

Tiempo de preparación: 10 minutos

Tiempo de cocción: 15-20 minutos

Porciones: 3

Ingredientes:

- 1 huevo entero

- 5 cucharadas de pasta de tahina

- ½ cucharadita de bicarbonato de sodio

- 1 cucharadita de jugo de limón

- 1 pizca de sal

Instrucciones:

1. Caliente el horno a 350 grados F. Forre una hoja de hornear con papel pergamino y manténgalo a un lado. Ponga el preparado en una licuadora y bata hasta que tenga una masa suave.

2. Poner la masa en una hoja preparada formando bollos. Hornee durante 15-20 minutos. Quítalos y déjalos enfriar. ¡Sirve y disfruta!

Nutrición:

Calorías: 172

Carbohidratos: 7g

Fibra: 2g

Proteína: 6g

Grasa: 14g

Sodio: 112 mg

Postres

Peras escalfadas

Tiempo de preparación: 15 minutos

Hora de cocinar: 30 minutos

Porciones: 4

Ingredientes:

- ¼ taza de extracto de jugo de manzana

- ½ taza de frambuesas frescas

- 1 taza de extracto de jugo de naranja

- 1 cucharadita de canela molida

- 1 cucharadita de nuez moscada molida

- 2 cucharadas de cáscara de naranja

- 4 peras enteras, peladas, despalilladas, sin el corazón.

Instrucciones:

1. En un tazón, combine los jugos de fruta, la nuez moscada y la canela, y luego revuelva uniformemente. En una cacerola poco profunda, vierta la mezcla de jugo de fruta, y póngala a fuego medio.

2. Ajustar el calor para que hierva a fuego lento dentro de 30 minutos; girar las peras con frecuencia para mantener la caza furtiva, no hervir. Transfiera las peras escalfadas a un recipiente de servir; adorne con cáscara de naranja y frambuesas.

Nutrición:

Calorías 140

Grasas 0,5 g

Proteínas 1 g

Hidratos de carbono 34 g

Fibras 2 g

Sodio 9 mg.

Pudín de calabaza con semillas de Chia

Tiempo de preparación: 60 minutos

Tiempo de cocción: 0 minutos

Porciones: 4

Ingredientes:

Para el Pudín:

- ½ semillas orgánicas de chia de la taza

- ¼ taza de jarabe de arce crudo

- 1 ¼ taza de leche baja en grasa

- 1 taza de extracto de puré de calabaza

Para los Toppings:

- ¼ taza de semillas de girasol orgánico

- ¼ taza de almendras picadas gruesas

- ¼ taza de arándanos

Instrucciones:

1. Añade todos los ingredientes del pudín en un bol y mézclalos hasta que se mezclen. Cúbralo y guárdelo en una nevera durante una hora. Sáquelo de la nevera, transfiera el contenido a un frasco y añada los

ingredientes para los ingredientes de la cobertura.
Servir inmediatamente.

Nutrición:

Calorías 189

Sodio 42 mg

Grasas 7 g

Potasio 311 mg

Hidratos de carbono 27 g

Fibras 4 g

Proteínas 5 g

Azúcar 18 g

Trufas de chocolate

Tiempo de preparación: 15 minutos

Tiempo de cocción: 0 minutos

Porciones: 24

Ingredientes:

Por las trufas:

- ½ taza de cacao en polvo

- ¼ semillas de chia de taza

- ¼ taza de harina de linaza

- ¼ taza de jarabe de arce

- 1 taza de harina

- 2 cucharadas de leche de almendra

Para los recubrimientos:

- Polvo de cacao

- Semillas de Chia

- Harina

- Coco rallado, sin azúcar.

Instrucciones:

1. Ponga todo el arreglo para la trufa en una licuadora; pulse hasta que esté bien mezclado; transfiera el contenido a un tazón. Formen bolas de chocolate, y luego cúbralas con los ingredientes de la cobertura. Servir inmediatamente.

Nutrición:

Calorías 70

Sodio 2 mg.

Grasas 1 g

Hidratos de carbono 14 g

Fibras 2 g

Azúcar 11 g

Proteínas 1 g

Tiras de piña a la parrilla

Tiempo de preparación: 15 minutos

Tiempo de cocción: 5 minutos

Porciones: 6

Ingredientes:

- Aceite vegetal

- Una pizca de sal yodada

- 1 piña

- 1 cucharada de extracto de jugo de lima

- 1 cucharada de aceite de oliva

- 1 cucharada de miel cruda

- 3 cucharadas de azúcar moreno

Instrucciones:

1. Pele la piña, quite los ojos de la fruta y deseche el corazón. Cortar a lo largo, formando seis cuñas. Mezclar el resto de la fijación en un bol hasta que se mezcle.

2. Cepille la mezcla de la capa en la piña (reserve un poco para untar). Engrasar un horno o una parrilla de exterior con aceite vegetal.

3. Coloca los trozos de piña en la parrilla y caliéntalos durante unos minutos por cada lado hasta que se doren, untándolos frecuentemente con un glaseado reservado. Servir en una bandeja.

Nutrición:

Calorías 97

Grasas 2 g

Hidratos de carbono 20 g

Sodio 2 mg.

Azúcar 17 g

Fibras 1 g

Proteínas 1 g

Panqueque de frambuesa y melocotón

Tiempo de preparación: 15 minutos

Hora de cocinar: 30 minutos

Porciones: 4

Ingredientes:

- ½ cucharadita de azúcar

- ½ taza de frambuesas

- ½ taza de leche sin grasa

- ½ taza de harina para todo uso

- ¼ taza de yogur de vainilla

- 1/8 de cucharadita de sal yodada

- 1 cucharada de mantequilla

- 2 melocotones medianos pelados y cortados en rodajas finas.

- 3 huevos orgánicos ligeramente batidos

Instrucciones:

1. Precalentar el horno a 400 °F. Mezcle los melocotones y las frambuesas con azúcar en un bol. Derrita la mantequilla en un plato redondo para hornear de 9

pulgadas. Mezclar los huevos, la leche y la sal en un tazón pequeño hasta que se mezclen; añadir la harina.

2. Retire la placa de horno redonda del horno, inclínela para cubrir el fondo y los lados con la mantequilla derretida; vierta la mezcla de harina.

3. Ponlo en el horno hasta que se ponga marrón y se hincha. Saque el panqueque del horno. Servir inmediatamente con más frambuesas y yogur de vainilla.

Nutrición:

Calorías 199

Sodio 173 mg

Grasas 7 g

Colesterol 149 g

Hidratos de carbono 25 g

Azúcar 11 g

Fibras 3 g

Proteínas 9 g

Pudín de arroz con mango

Tiempo de preparación: 15 minutos

Hora de cocinar: 35 minutos

Porciones: 4

Ingredientes:

- ½ cucharadita de canela molida

- ¼ cucharadita de sal yodada

- 1 cucharadita de extracto de vainilla

- 1 taza de arroz integral de grano largo sin cocer

- 2 mangos medianos maduros, pelados y sin corazón.

- 1 taza de leche de soja de vainilla

- 2 cucharadas de azúcar

- 2 tazas de agua

Instrucciones:

1. Poner a hervir agua salada en una cacerola para cocinar el arroz; después de unos minutos, hervir a fuego lento cubierto en 30-35 minutos hasta que el arroz absorba el agua. Triturar el mango con un mortero y un mortero o un tenedor de acero inoxidable.

2. Vierta la leche, el azúcar, la canela y el puré de mango en el arroz; cocine al descubierto a fuego lento, revolviendo con frecuencia. Retira el arroz con leche de mango del fuego, y añade la leche de soja con vainilla. Servir inmediatamente.

Nutrición:

Calorías 275

Sodio 176 mg

Grasas 3 g

Hidratos de carbono 58 mg

Azúcar 20 g

Fibras 3 g

Pastel de banana Choco

Tiempo de preparación: 15 minutos

Hora de cocinar: 30 minutos

Porciones: 18

Ingredientes:

- ½ taza de chocolate negro semidulce

- ½ taza de azúcar moreno

- ½ cucharadita dc bicarbonato de sodio

- ¼ taza de cacao en polvo sin azúcar

- ¼ taza de aceite de canola

- ¾ taza de leche de soja

- 1 huevo grande

- 1 clara de huevo

- 1 plátano grande, maduro y triturado

- 1 cucharada de extracto de jugo de limón

- 1 cucharadita de extracto de vainilla

- 2 tazas de harina para todo uso

Instrucciones:

1. Precalentar el horno a 350 °F. Cubra una bandeja de hornear con un spray antiadherente. Bata el azúcar moreno, la harina, el bicarbonato de sodio y el cacao en polvo en un tazón.

2. En otro tazón, bate los plátanos, el extracto de jugo de limón, el extracto de vainilla, el aceite, la leche de soja, el huevo y las claras de huevo. Haz un agujero en el centro de la mezcla de harina, luego vierte la mezcla de plátanos y mezcla el chocolate negro.

3. Revuelva toda la preparación con una cuchara hasta que se mezcle bien; ponga la masa en la bandeja de hornear. Colóquela en el horno y hornee dentro de 25-30 minutos hasta que el centro vuelva a saltar al presionarlo ligeramente con la punta de los dedos.

Nutrición:

Calorías 150

Sodio 52 mg.

Colesterol 12 mg

Grasas 3 g

Hidratos de carbono 27 g

Proteínas 3 g

Muffins de calabacín

Tiempo de preparación: 15 minutos

Hora de cocinar: 30 minutos

Porciones: 12

Ingredientes:

- Aceite vegetal en aerosol de cocina

- ½ taza de azúcar

- ¼ cucharadita de sal yodada

- ¼ cucharadita de nuez moscada molida

- ¾ taza de leche desnatada

- 1 taza de calabacín rallado

- 1 cucharada de polvo de hornear

- 1 huevo grande

- 2 cucharaditas de corteza de limón rallada

- 2 tazas de harina para todo uso

- 3 cucharadas de aceite vegetal

Instrucciones:

1. Mezcla la harina, el polvo de hornear, el azúcar, la sal y las cáscaras de limón en un tazón. Crea un pozo en el centro de la masa de harina. En otro tazón, mezclar el calabacín, la leche, el aceite vegetal y el huevo. Cubra las tazas de panecillos con aceite vegetal en aerosol.

2. Divide la masa en 12 tazas de panecillos en partes iguales. Pasa las tazas de panecillos al molde de hornear, ponlo en el microondas y hornea a 400°F en 30 minutos hasta que se dore. Retire y deje enfriar en una rejilla de alambre antes de servir.

Nutrición:

Calorías 169

Sodio 211.5 mg

Grasas 4,8 g

Potasio 80,2 g

Hidratos de carbono 29,1 g

Fibras 2,5 g

Azúcar 12,8 g

Proteínas 0 g

Panecillos de avena con arándanos

Tiempo de preparación: 15 minutos

Hora de cocinar: 30 minutos

Porciones: 12

Ingredientes:

- ½ taza de avena cruda

- ½ cucharadita de polvo de hornear

- ½ cucharadita de sal yodada

- ½ taza de leche en seco

- ¼ taza de aceite vegetal

- ¼ cucharadita de bicarbonato de sodio

- 1/3 de taza de azúcar

- 1 ½ taza de harina

- 1 taza de leche

- 1 taza de arándanos

Instrucciones:

1. Precalentar el horno a 350 °F. Cubra los moldes de panecillos con aceite vegetal. Mezclar o combinar la harina, el bicarbonato de sodio, el polvo de hornear, la

avena, el azúcar y la sal en un tazón. Mezcle la leche, la leche en polvo, el huevo y el aceite vegetal en otro tazón.

2. Vierte el tazón de la fijación húmeda en el tazón de la fijación seca y mezcla parcialmente. Añada los arándanos y mezcle hasta que la consistencia se vuelva grumosa. Ponga la masa de arándanos en los moldes de panecillos.

3. Hornee en 30 minutos hasta que los panecillos se vuelvan marrón dorado en los bordes. Sírvalos calientes inmediatamente o póngalos en un recipiente hermético y guárdelos en el refrigerador para que se enfríen.

Nutrición:

Calorías 150

Sodio 180 mg.

Grasas 5 g

Hidratos de carbono 22 g

Proteínas 4 g

Fibras 1 g

Pan de banana

Tiempo de preparación: 15 minutos

Tiempo de cocción: 60 minutos

Porciones: 14

Ingredientes:

- Aceite vegetal en aerosol de cocina

- ½ taza de harina de arroz integral

- ½ taza de harina de amaranto

- ½ taza de harina de tapioca

- ½ taza de harina de mijo

- ½ taza de harina de quinua

- ½ taza de azúcar crudo

- ¾ taza de claras de huevo

- 1/8 de cucharadita de sal yodada

- 1 cucharadita de bicarbonato de sodio

- 2 cucharadas de aceite de semilla de uva

- 2 piezas de puré de plátano

Instrucciones:

1. Precalentar el horno a 350 °F. Cubra un molde de pan con aceite vegetal en aerosol, espolvoréelo uniformemente con un poco de harina y déjelo a un lado. En un bol, mezclar la harina de arroz integral, la harina de amaranto, la harina de tapioca, la harina de mijo, la harina de quinua y el bicarbonato de sodio.

2. Cubra un tazón separado con aceite vegetal, luego mezcle los huevos, el azúcar y el puré de plátanos. Vierte el tazón de la fijación húmeda en el tazón de la fijación seca y mézclalo bien. Poner la mezcla en el molde de pan. Hornee dentro de una hora.

3. Para comprobar el estado de cocción, inserte un palillo en el centro del molde; si lo retira y no tiene ninguna masa pegada, saque el pan del horno. Corta y sirve inmediatamente y guarda el resto del pan de plátano en el refrigerador para prolongar su vida útil.

Nutrición:

Calorías 150

Sodio 150 mg.

Grasas 3 g

Fibras 2 g

Proteínas 4 g

Azúcar 7 g

Pudín de chocolate con leche

Tiempo de preparación: 15 minutos

Tiempo de cocción: 15 minutos

Porciones: 4

Ingredientes:

- ½ cucharadita de extracto de vainilla

- 1/3 de taza de chispas de chocolate

- 1/8 de cucharadita de sal

- 2 tazas de leche descremada

- 2 cucharadas de cacao en polvo

- 2 cucharadas de azúcar

- 3 cucharadas de maicena

Instrucciones:

1. Mezclar el cacao en polvo, la maicena, el azúcar y la sal en una cacerola y batir en la leche; revolver frecuentemente a fuego medio.

2. Quitar, poner las virutas de chocolate y el extracto de vainilla, remover hasta que las virutas de chocolate y la vainilla se fundan en el pudín. Vierte el contenido en

tazones para servir y guárdalo en una nevera. Servir frío.

Nutrición:

Calorías 197

Sodio 5 mg

Grasas 5 g

Hidratos de carbono 9 g

Proteínas 0,5 g

Parfait de menta, lima y yogur de pomelo

Tiempo de preparación: 15 minutos

Tiempo de cocción: 0 minutos

Porciones: 6

Ingredientes:

- Un puñado de hojas de menta desgarradas

- 2 cucharaditas de cáscara de cal rallada

- 2 cucharadas de extracto de jugo de lima

- 3 cucharadas de miel cruda

- 4 pomelos rojos grandes

- 4 tazas de yogur natural reducido en grasas

Instrucciones:

1. Cortar la parte superior e inferior de los pomelos rojos y poner la fruta en posición vertical en una tabla de cortar. Desechar la cáscara con un cuchillo y rebanar a lo largo de la membrana de cada segmento para quitar la piel.

2. Mezcla el yogur, el extracto de jugo de lima y la cáscara de lima en un tazón. Ponga la mitad de la mezcla de

pomelo y yogur en 6 vasos de parfait; añada otra capa hasta que el vaso se llene y luego rocíe con miel y cubra con hojas de menta. Servir inmediatamente.

Nutrición:

Calorías 207

Sodio 115 mg

Grasas 3 g

Colesterol 10 mg

Hidratos de carbono 39 mg

Azúcar 36 g

Fibras 3 g

Tartas de melocotón

Tiempo de preparación: 15 minutos

Tiempo de cocción: 55 minutos

Porciones: 8

Ingredientes:

Ingredientes de tarta:

- ¼ taza de mantequilla ablandada
- ¼ cucharadita de nuez moscada molida
- 1 taza de harina para todo uso
- 3 cucharadas de azúcar

Ingredientes de relleno:

- ¼ cucharadita de canela molida
- ¼ taza de almendras picadas gruesas
- 1/8 de cucharadita de extracto de almendra
- 1/3 de taza de azúcar
- 2 libras de melocotones medianos, pelados, cortados en rodajas finas.

Instrucciones:

1. Precalentar el horno a 375 °F. Mezcla la mantequilla, la nuez moscada y el azúcar en un tazón hasta que esté ligero y esponjoso. Añada y bata la harina hasta que esté bien mezclada. Colocar la masa en un molde para hornear tarta sin engrasar y presionar firmemente en el fondo y la parte superior.

2. Ponlo en la rejilla media del horno precalentado y hornea durante unos 10 minutos hasta que se convierta en una corteza. En un bol, cubra los melocotones con azúcar, harina, canela, extracto de almendra y almendras.

3. Abrir el horno, poner la corteza de tarta en la rejilla inferior del horno, y verter el relleno de melocotón; hornear durante unos 40-45 minutos. Quitar, enfriar y servir; o cubrir con una envoltura y refrigerar para servir frío.

Nutrición:

Calorías 222

Sodio 46 miligramos

Grasas 8 g

Colesterol 15 mg

Hidratos de carbono 36 g

Azúcar 21 g

Fibras 3 g

Proteínas 4 g

Parfait de frambuesa y nueces

Tiempo de preparación: 15 minutos

Tiempo de cocción: 10 minutos

Porciones: 1

Ingredientes:

- ¼ taza de frambuesas congeladas

- ¼ taza de arándanos congelados

- ¼ taza de almendras tostadas, en finas rebanadas

- 1 taza de yogur griego sin grasa.

- 2 cucharaditas de miel cruda

Instrucciones:

1. Primero, ponga una capa de yogur griego en un vaso de parfait; añada bayas; vuelva a poner una capa de yogur, cubra con almendras y más bayas; rocíe con miel. Servir frío.

Nutrición:

Calorías 378

Sodio 83 mg

Grasas 15 g

Fibras 6 g

Hidratos de carbono 35 g

Proteínas 30 g

Azúcar 25 g

Bruschetta de fresa

Tiempo de preparación: 15 minutos

Tiempo de cocción: 0 minutos

Porciones: 12

Ingredientes:

- 1 pan de Ciabatta en rebanadas

- 8 onzas de queso de cabra

- 1 taza de hojas de albahaca

- 2 contenedores de fresas, en rodajas

- 5 cucharadas de esmalte balsámico

Instrucciones:

1. Lavar y cortar las fresas; reservarlas. Lavar y cortar las hojas de albahaca; reservar. Cortar el pan ciabatta y esparcir un poco de queso de cabra uniformemente en cada rebanada; añadir fresas, glaseado balsámico y cubrir con hojas de albahaca. Servir en una bandeja.

Nutrición:

Calorías 80

Sodio 59 mg

Grasas 2 g

Hidratos de carbono 12 g

Proteínas 3 g

CPSIA information can be obtained
at www.ICGtesting.com
Printed in the USA
BVHW041727090421
604613BV00009B/227

9 781801 830898